Images of the Mind 画说心理

是心动呀

In the Blink of Love

亲密关系心理学

亓毛毛
著绘

Psychology of Intimate Bonds

化学工业出版社
·北京·

图书在版编目（CIP）数据

是心动呀 ：亲密关系心理学 / 亓毛毛著绘．
北京 ：化学工业出版社，2025．11．—（画说心理）．
ISBN 978-7-122-48901-2

Ⅰ．C913．1-49

中国国家版本馆CIP数据核字第20256CV670号

责任编辑：王　越　赵玉欣　　　　装帧设计：尹琳琳
责任校对：田睿涵

出版发行：化学工业出版社
（北京市东城区青年湖南街13号　邮政编码100011）
印　　装：北京新华印刷有限公司
880mm×1230mm　1/32　印张$4^{1}/_{2}$　字数90千字
2026年3月北京第1版第1次印刷

购书咨询：010-64518888　　　　售后服务：010-64518899
网　　址：http://www.cip.com.cn
凡购买本书，如有缺损质量问题，本社销售中心负责调换。

定　　价：29.80元

主创

漫画文案、漫画绘制：

创作团队

心理学漫画作者，插画师，
曾制作出版心理学漫画书
《猫和狗的生活哲学》
《这一次，让我紧紧抱住你》。

独立撰稿人，
心理学编辑。

独立执业心理咨询师，
北京师范大学临床与咨询心理学硕士，
曾任某三甲精神科医院进修心理治疗师，
心理科普创作者。

自由撰稿人，
住在海边的“I人”。

自由撰稿人，
北京师范大学心理学部在读。

前言

对我而言，心理学是一门很令人着迷的学科，它给我的生活带来了很多切实且巨大的帮助：

- 从害怕当众演讲，到即使一边哭一边说也想试着与大家交流；
- 从情感隔离，到开始慢慢学会观察自己的身体表达与内心感受；
- 从无节制地情绪性消费，到想真正爱自己、努力为自己计划幸福的生活；
- 从与母亲整日崩溃地大吵，到愿意迈出一小步，多理解对方一点点；
- 从被职场折磨深感痛苦，到看清事情本质不再总怪自己；
- ……

心理学没有使我变得完美，但它使我变得愿意欣赏不完美的自己！同时，我变得内心更有韧性、变得更舒服、更愿意往前一点去了解更大的世界。

所以我总是迫不及待地希望它能被更多人知道。希望它同样能给我的朋友、伴侣、亲人带去些生活的慰藉，增加一个了解自己的方式。

我不间断地以漫画形式表达心理学的思维、观点、知识已有八个年头了，漫画这种承载形式让我欣喜若狂，因为它可以让文字变得生动易读，让可阅读人群变得更广泛，让心理学这门对生活有直接帮助的学科更容易被理解与接受。

所以当与温柔的编辑老师一拍即合，确定下来我们要一起做这套涵盖生活多方面主题的心理学漫画书时，我简直开心到想狂奔！

这套书中的主人公们正如生活中的我们，在不同场景下有着各种各样不同的小烦恼。也许你会在其中看到自己的影子，或者身边人的影子。如果你有类似的烦恼，并可以从这套书中收获一些启发，那真是太棒了！

不过我们也想再提醒一下：心理学可以作为理解自己和他人的工具，但我们不应据此标签化自己或他人。

下面我来向你介绍一下这套心理学漫画吧！我们通过区分生活中的不同场景，把它分为了七个不同主题。不分先后顺序，每个主题讲述10个左右生活中常见的话题。你可以选择全部阅读，也可以选择感兴趣的场景或话题单独阅读：

- 《打工人已上线：职场心理学》包含不想上班、拖延、“躺平”、心理弹性、“工具人”、渴望退休、“空心病”、愚蠢而不自知的人、中年危机、有效休息等话题；
- 《圈子中的你我他：社交心理学》包含道歉与原谅、玩手机停不下来、内向性格、边界感、朋友间的占有欲、“搭子”文化、深度支持、“拉黑”、关系质量等话题；

- 《是心动呀：亲密关系心理学》包含完美爱情、依恋模式、财务健康、情感操纵、嫉妒、“自杀式”单身、救世主情结等话题；
- 《你是什么颜色的：人格心理学》包含社交恐惧、过度依赖、自恋、完美主义、高敏感、讨好、冒名顶替综合征、表演型人格、暗黑人格、MBTI等话题；
- 《局部有雨，多云转晴：情绪心理学》包含被动攻击、非暴力沟通、情感冷漠、情绪颗粒度、抑郁、悲伤、羞耻感等话题；
- 《快乐多少钱一斤：琐事与幸福心理学》包含与宠物相处、金钱观念、匮乏感、怀念过去、偶像“塌房”、主动熬夜、囤积、重新养育自己等话题；
- 《你的心事，心理学听得懂》关于心理学和心理咨询两大领域的概貌，包含原生家庭、心理学标签化、如何寻得合适的心理咨询师等话题。

你可以在这套漫画书中了解到：日常生活中的很多现象为什么会发生？我的朋友为什么会那样做？人和人的选择为什么差距那么大？他怎么了？我怎么了？当你希望获得心理帮助时，需要注意什么、避免什么？面对xx问题我可以怎么做？……

心理学虽不是万能的，但心理学的思维可以给生活带来很大帮助。

希望你阅读旅途愉快！生活旅途顺利！人生旅途尽兴！

心理学漫画师：亓毛毛

目录

世上有完美的爱情吗？

我们都期待自己是幸运的那个，拥有完美爱情，可是世界上真的有完美爱情吗？也许我们可以从爱情三角理论来看待这件事。

爱情三角理论（Triangular Theory of Love）是由心理学家罗伯特·斯滕伯格（Robert Sternberg）提出的，该理论旨在解释和分析不同类型的爱情关系。

斯滕伯格认为，爱情由三种基本成分组成：激情、亲密和承诺。这三者的组合可以帮助我们理解爱情的多样性，并揭示为什么有些爱情关系健康持久，而有些则短暂或不稳定。

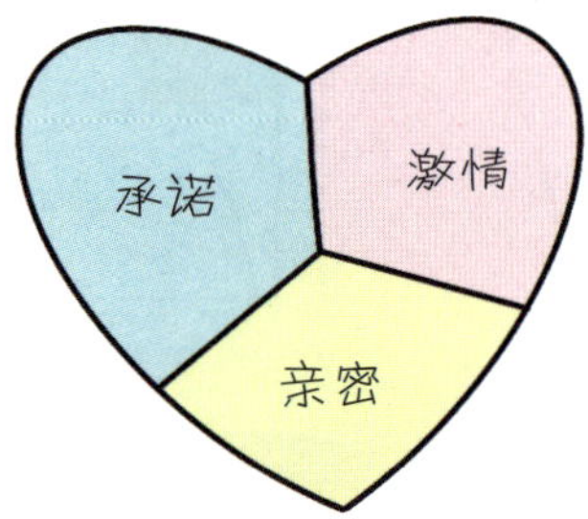

● 激情

激情是爱情中的情绪和欲望组成部分，通常表现为强烈的吸引力、欲望、亲密的身体接触以及对对方的强烈兴趣，是许多浪漫关系的驱动力。

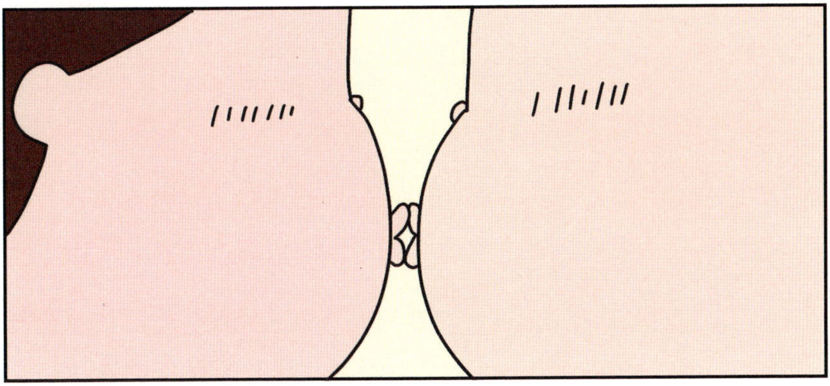

这是爱情中最火热的部分，它可以促使人做出超出理智的举动，能够迅速促使两个人靠近，常常是建立关系的起点。

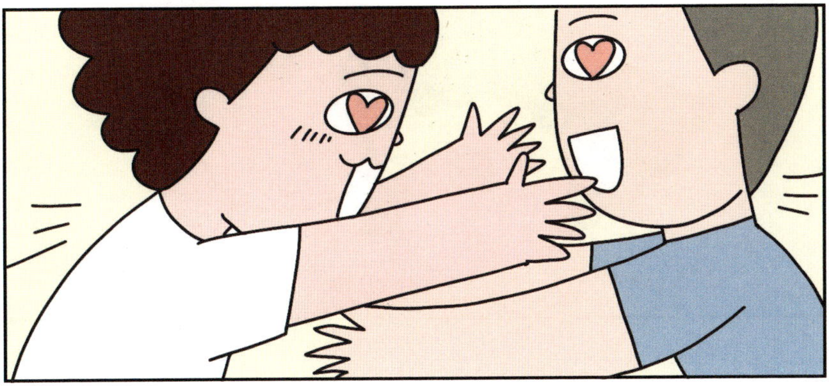

需要注意的是，激情通常在一段关系初期最强烈，但它也是最不稳定的——如果缺乏其他要素支撑，激情可能随着时间推移而减弱，难以单独维持。因此，激情虽能点燃爱情的火花，却需与亲密和承诺相结合才能使爱情持久绵长。

● 亲密

亲密是爱情中温馨深厚的情感纽带，强调两人之间的信任、理解与情感投入。

当恋人彼此亲密，他们会分享私人想法和感受，给予对方支持和呵护，并在精神上形成依恋。亲密能让双方感到被理解和被接纳，营造出安全感和归属感。

亲密关系的建立通常需要时间培养，通过坦诚沟通、共度时光、互相扶持而逐渐加深。有了亲密，两个人在一起时会感到舒适自在，如同最知心的朋友一般。

亲密是长期关系中的一个重要组成部分。它不像激情那样炽烈，却能稳稳地将两颗心拉近。

• 承诺

承诺是指在爱情关系中对彼此的责任感和决心，它包含两方面的内容：短期承诺（决定与某人建立关系）和长期承诺（决定维持关系并在未来共同成长）。承诺不单纯依赖于情感和激情，而是理性的决定和行动。

承诺体现为对伴侣的忠诚，以及对共同未来的规划。人们需要有意识地做出选择去坚持一段关系，这意味着即使激情起伏、生活境遇改变，情侣仍愿意为彼此付出、共同克服困难。

承诺往往与责任感和信任感相联系，例如婚姻誓言就是承诺的典型表达。

没有承诺的爱情难以长久稳固；承诺使恋人愿意携手走过风雨，为爱情提供了坚实的保障。

需要指出的是，承诺本身不一定依赖激情或亲密才存在——有些关系中即使缺少浪漫和情感交流，双方也可能因为道德责任或现实考虑而信守承诺。

理论上，激情满满、非常亲密、有足够的承诺就是完美的爱情了。

但现实中的关系是复杂的，可能缺少承诺但双方都不在乎，或者已经没有激情但还在一起。

• 不同类型的爱情

根据激情、亲密和承诺的不同组合，斯滕伯格提出了不同类型的爱情关系。

1 迷恋式爱情：只有激情，没有亲密和承诺

常见于初恋或一见钟情的情形，双方迅速坠入爱河，但往往缺少理智和深度，由于缺乏亲密基础和对未来的承诺，这种迷恋的热度通常并不持久。

2 喜欢式爱情：只有亲密，没有激情和承诺

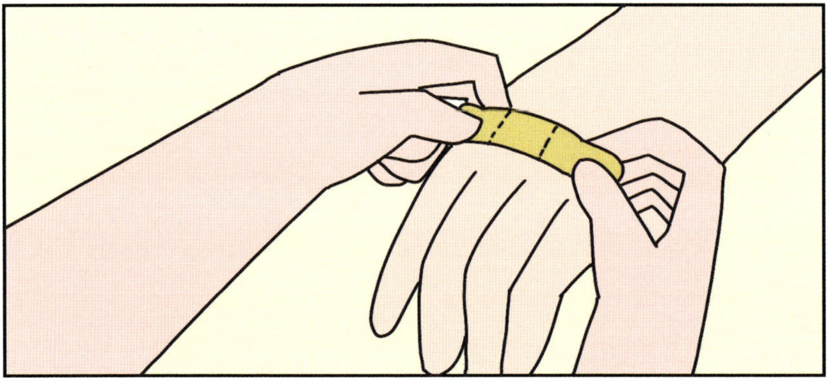

这种关系更像是朋友间的感情，两个人彼此关心、信任，相处融洽，但并没有浪漫的火花，也未必有长久相守的打算。

3 空洞式爱情：只有承诺，没有激情和亲密

这种关系可能出现在长期婚姻中，夫妻之间缺乏亲密和激情，但仍然维持着亲密关系的形式，可能出于责任或传统。

4 浪漫式爱情：激情和亲密并存，但缺乏承诺

这种爱情充满激情的欢愉和心灵相通的默契，让人沉醉于“我们相爱”的美好。但可能缺乏长期的稳定性，因为还没有承诺来支撑。

5 陪伴式爱情：亲密和承诺并存，但缺乏激情

通常见于长时间的婚姻或友情中，双方深深依赖对方，拥有强烈的情感支持，但激情可能已经减弱。

6 盲目式爱情：激情和承诺并存，但缺乏亲密

它体现了一种盲目而冲动的爱情模式：双方被强烈的情欲驱使，很快坠入爱河并做出长远承诺，但由于缺少必要的了解和情感沟通，关系地基并不牢固。

7 完美式爱情：激情、亲密和承诺三者兼具

两个人不仅彼此深爱、相互吸引，而且是知心朋友和忠实伙伴，并且愿意携手共度一生。这样的爱情带来极大的满足感和幸福感，也常被称为“圆满的爱”。

爱情其实不是一成不变的，人和人之间也不是只有“陌生”和“完美恋人”两种状态。

许多恋情往往从高激情的迷恋（激情占主导，亲密和承诺较弱）开始，随着双方加深了解、培养亲密，可能转变为浪漫式爱情。

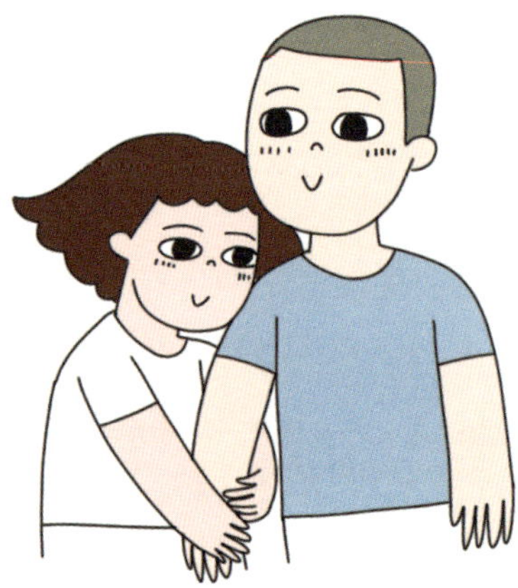

随着岁月流逝，激情可能逐渐减退，爱情的形态也可能从最初的激情洋溢转为平静稳定的伴侣之爱。

这一演变并不意味着爱情衰亡，而是表明关系进入了新的阶段。

理解爱情成分的此消彼长，可以让伴侣双方正视感情变化：当激情减弱时，通过制造新鲜体验或回忆甜蜜往事可重新点燃火花；当亲密感不足时，花时间沟通与倾听能增进情感连接；当承诺动摇时，回顾共同经历和初心有助于强化彼此的责任感。

心理锦囊

爱别人不是天生就会的，

爱情也不是一下子就能完美的。

希望这个框架能帮你

更懂得如何经营自己的爱情。

一个人焦虑，一个人回避：依恋模式如何影响爱情？

我总是希望和他在一起，想时刻得到他的消息，成为最了解他内心的人。

他却总在逃避，说需要自己的空间、没时间回复我消息、成年人需要更独立。

是我太黏人了吗？

谈恋爱，怎么这么难？

谈恋爱好难？其实不全怪你，很多时候，是因为我们的依恋模式不同。

• 什么是依恋模式？

依恋模式最早由英国精神病学家约翰·鲍尔比（John Bowlby）提出，用来解释个体在早期与主要照顾者（通常是父母）的互动中形成的一套情感和行为模式。

这种模式可以持续影响人们的成年生活，影响人们与他人建立和维持亲密关系的方式。

比如：

婚姻恋爱关系

亲密的朋友关系

亲子关系

我们每个人都有自己的依恋风格。越了解自己和伴侣的依恋风格，也就越清楚我们在恋爱中的需求是什么。

根据每个人的焦虑性倾向和回避性倾向，依恋模式可以分为四种：

1 安全型依恋

安全型依恋的人在关系中感到舒适、自在，是最能享受亲密关系的类型。他们不害怕亲密，也不总担心被抛弃。他们相信自己是值得被爱的，也相信伴侣会支持自己。

具体表现包括：

在恋爱中的满足感、忠诚度和信任度都更高。

愿意表达自己的需求和情感，也能理解对方的需求。

不过度依赖伴侣，但也不逃避亲密。

遇到冲突时能冷静处理，而不是陷入情绪漩涡。

这种依恋风格是如何形成的？

通常，安全型依恋的人在童年时有一位稳定、可靠的照顾者，他们的情感需求在小时候被很好地满足过，因此长大后，他们对关系有一种安全感。他们相信，即使暂时遇到问题，关系也不会轻易破裂。

2 焦虑型依恋

焦虑型依恋的人非常渴望亲密感，有很强烈的安全感需求，但又不善于表达自己的需求，总是觉得不安，害怕对方不爱自己，担心关系不够稳定。

具体表现包括：

很容易感到不安，需要频繁确认对方是否爱自己，甚至故意让伴侣吃醋。

可能过于黏人，比如拼命联系伴侣，不停打电话、发信息。

在伴侣没有及时回应时，会感到焦虑，可能会质问或批评对方。

喜欢猜测伴侣言行举止背后的态度。

这种依恋风格是如何形成的？

焦虑型依恋的人在童年时期可能经历了不一致的关爱，比如父母时好时坏，有时关心，有时冷漠。这种不稳定让孩子无法预测什么时候会得到关爱，于是长大后，他们更容易表现出对被抛弃的强烈恐惧和对亲密关系的过度需求。

3 回避型依恋

回避型依恋的人倾向于压抑自己的需求，他们认为过度亲密会使自己失去自由，是一种负担或束缚，所以需要与伴侣保持一定的身体和心理距离，避免依赖。

具体表现包括：

几乎不与伴侣分享心事，避免过多的情感表达或过度依赖。

喜欢独立，通常有较强的自主性。

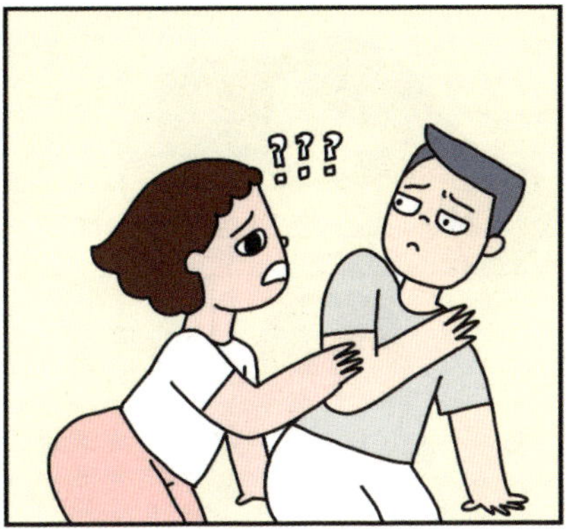

当伴侣表现得太黏人时，可能会感到不自在，甚至会有逃离的冲动。

遇到问题时倾向于回避，而不是解决。

这种依恋风格是如何形成的?

回避型依恋的人小时候可能有一个不太可靠的照顾者，父母可能很少表达关心或情感支持。于是，他们学会了自我保护，认为依赖别人是一件危险的事，最好独立解决问题，避免失望和伤心。

4 恐惧型依恋

恐惧型依恋的人内心充满矛盾，他们同时具有焦虑型和回避型的特点，既渴望亲密关系，又害怕被拒绝或受伤，常常陷入一种“既想靠近又想逃避”的矛盾中。

具体表现包括:

当与伴侣不够亲密时，会努力获得对方的注意；但当伴侣靠近自己时，又害怕被伤害。

情绪波动剧烈，有时对伴侣非常依赖，有时又拒绝伴侣，让人感到疑惑。

可能会有强烈的焦虑和恐惧感，尤其是在亲密关系中。

难以建立稳定的关系模式，对爱情有消极负面的看法。

这种依恋风格是如何形成的？

恐惧型依恋的人在童年时可能经历过创伤性的关系，比如虐待或忽视。他们的主要照顾者可能既是关爱者又是伤害者，导致他们对亲密关系既渴望又害怕。

比如父母常常表现出前后矛盾的行为。一会儿因为孩子的某个行为对他微笑，一会儿因为相同的行为大发雷霆。

需要说明的是：

1.依恋风格并不全由童年经历造成，也与遗传、成年后的经历有关。

2.即便是再有爱、幸福的家庭，也可能会有非安全型依恋的孩子。

3.在一个家庭中，父母是否爱孩子，可能与孩子的感受是不一样的。

我们关注童年经历并不是为了指责父母，
而是为了理解我们自己体验到了什么。

• 依恋模式可以改变吗?

每个人的依恋模式都会受到当下环境的影响，比如一个人在普通的焦虑情景下是安全型的，但是当伴侣极度回避时，哪怕是安全型的人也会出现焦虑型的模式。

依恋模式并不是绝对一成不变的，它会随着个人经历和重大事件的发生而变化。

• 当依恋模式使自己痛苦时，该如何改变?

了解自己和对方的依恋风格是第一步。

问问自己，在关系中你最常感到什么？舒适？不安？害怕？或是想逃避？

可以邀请伴侣一起了解依恋理论。爱情，是一场双方都需要参与的合作。

对于焦虑型的人来说：

（1）认清自己的情感需求，承认自己确实需要更多亲密陪伴和安全感，无需为此感到难为情。

（2）当感到焦虑恐慌时，试着去了解自己的情绪是什么、诉求是什么。

（3）学会用更健康的方式表达自己的情感需求，而不是通过批评或过度依赖来寻求确认。

对于回避型的人来说：

（1）不要冲动做决定，当你想要逃离一段关系的时候，提醒自己觉察一下是否在采取压抑、回避的应对策略。

（2）不再只依赖自己，在一些小事上可以尝试依赖伴侣，加强与伴侣间的互相支持感。

（3）在自己的生活中多寻找安全型依恋的人做亲密的朋友，可以减弱你逃避、抗拒的倾向，也会让你转向安全型依恋。

心理锦囊

有很多感情问题不是爱不爱那么简单，

有可能是彼此的依恋模式在互动中发生了冲突。

依恋模式不分好坏，

我们的不同，

本质上也只是情感需求和依恋需求的不同而已。

爱是我们终其一生都需要学习的一门课，

依恋理论会是我们通向爱与理解的桥梁之一。

一谈恋爱就变小孩：亲密关系中的退行

明明在外是理智成熟的成年人，但在面对恋人时却不由自主地变幼稚，撒娇、耍赖、无理取闹，像个小孩子一样嚷嚷着“宝宝，宝宝，要抱抱”……

这是一种常见的心理现象：退行。

• 什么是退行？

退行是一种自我防御机制，指个体在面对压力、冲突或焦虑时，暂时回到早期发展阶段的行为或心理状态，以获得心理安慰或安全感。

恋爱关系中常见的退行，是成年人在亲密关系中，心理状态退回到较早的发育阶段，以孩子般的情绪表达和依赖方式来应对现实。

值得强调的是，退行行为本身并非完全负面，在安全的关系中，适度退行可能是情感修复的一种契机。

• 恋爱中的退行行为有哪些？

恋爱中的退行行为可以有多种表现形式，从微妙的撒娇依赖到明显的情绪失控，个体会在不同程度上表现得像孩子一样。

典型的表现包括：

1 情绪易波动

有些人在亲密关系中特别容易情绪失控，比如平时情绪稳定的人，一恋爱就变得爱发脾气、无理取闹，安全感极低，自尊心时高时低。

当他们尝试提出要求但伴侣的反应不如所愿时，内心可能会升腾起巨大的愤怒和怨恨，觉得对方不够爱自己。

2 幼稚的表达方式

当需求得不到立即满足时，可能会像孩子一样闹脾气：大吵大闹、哭泣、摔东西或赌气冷战，以此来表达内心的不安和不满。这类似于小孩在地上打滚耍赖以引起父母注意。

3 有的人会极度敏感和嫉妒

在伴侣关心他人时，像孩子争宠般吃醋，甚至编造戏剧性的情节博取关注。这类幼稚的表达往往伴随以自我为中心的思维方式：潜意识里，他们像孩子般期待全世界都围着自己转，一旦落空就以过激情绪回应。

4 过度依赖和无助的行为

有些人在恋爱后会突然表现出与其实际年龄不相称的无助感和依赖性。他们非常渴望伴侣的帮助和照顾，希望对方像父母一样替自己料理生活中的大小事务。但当这种依赖走向极端时，就可能发展为病理性的情感依赖。

5 心智上的退缩

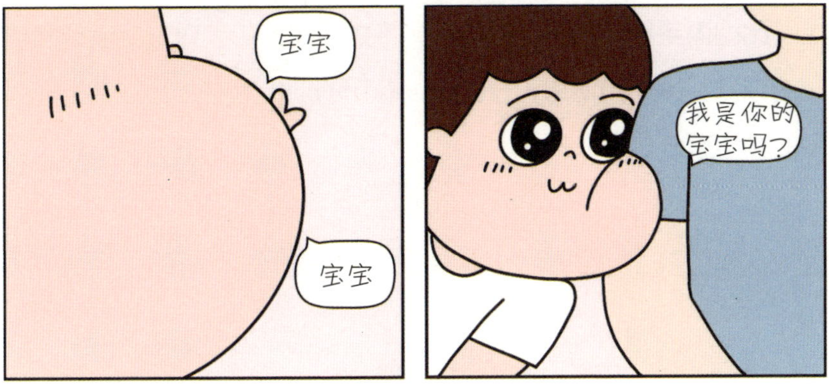

他们在伴侣面前表现出天真稚嫩的一面，期待被宠爱呵护，或者以软萌的宝宝音说话来扮演孩子的角色。这种撒娇卖萌式的退行在情侣中很常见。

适度的撒娇和依赖在亲密关系中是正常且有益的，能够促进亲密和满足感。

6 幻想伴侣全知全能

退行状态下，个体内心深处常常带有一种不切实际的幻想，期待伴侣如同父母照看婴儿那样，能够全然满足自己的需要。

比如渴望伴侣读懂自己的心，不需自己开口，对方就该明白自己的想法、欲望和情绪；一旦这种隐秘的期待落空，往往会出现强烈的情绪反应。

• 为什么恋爱会让我们退行？

1 恋爱激活了依恋需求：想当小宝宝

人类在婴幼儿时期形成了依恋关系，比如对父母的依赖，这种需求并不会随着长大而消失，而是在成年后转移到亲密伴侣身上。于是，在恋爱中我们会像儿时依赖父母一样，把伴侣当作情感避风港。

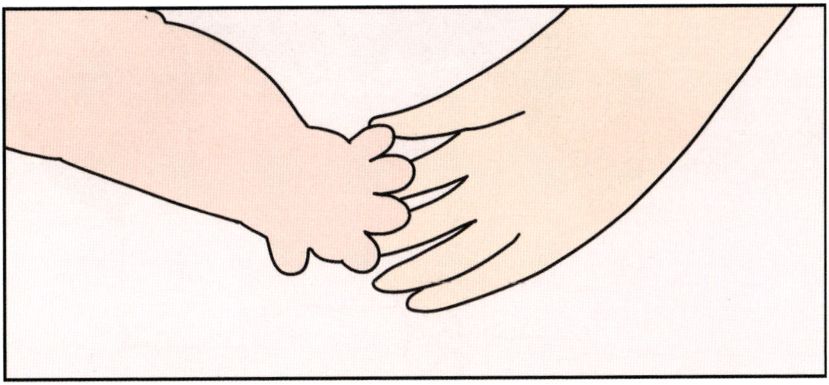

撒娇、要哄、要宠，其实是我们在渴望一个“安全基地”——希望对方像照顾孩子一样，对我们全心关注。被爱的时候，我们才会感到安全和放松，暂时逃离成年世界的重压。

2 恋爱让人摘下社会面具，回归原始自我

我们在日常生活中需要戴上各种社会面具：工作中要成熟稳重、朋友间要风趣幽默……但在亲密关系中，可以暂时摘下这些面具，展现出真实而脆弱的自我。

这种脆弱往往会带来一些孩子气的表现，之所以敢于表现得如此脆弱，是因为相信对方不会像外界其他人一样批判你、要求你时刻保持成熟。

3 每个人在婴儿时期都会对无条件的爱与接纳抱有渴望

进入亲密关系后，早年的渴望被重新唤起，一方面，我们渴望在爱人那里得到像父母疼爱孩子那样的关注和宠爱；另一方面，如果早年情感有所缺失，我们也可能无意识地把伴侣当作补救对象，期待通过对方的爱来治愈旧有创伤。

当被这些无意识动机驱动时，成年人就会在爱中表现出孩子般的依恋和情绪反应。

• 退行的积极面与消极面

积极面：退行是爱的信任信号

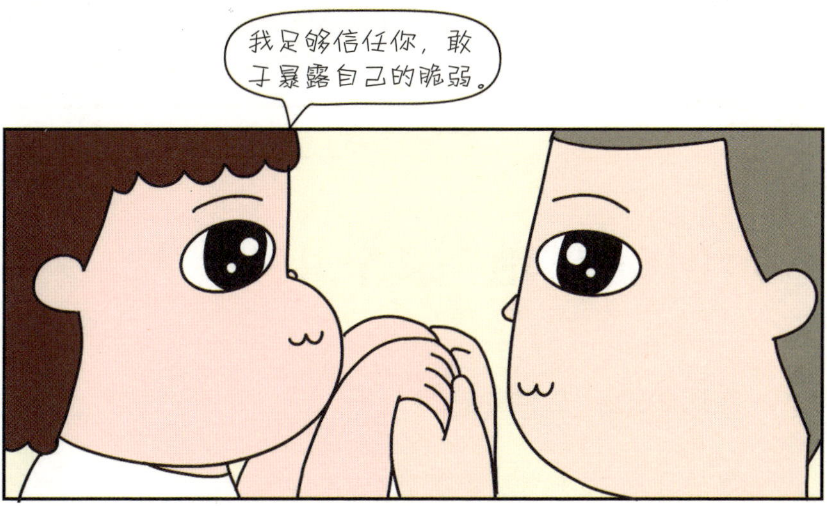

这种状态能让恋人之间更加亲密，让亲密关系更稳定、更深入，把彼此从成年世界的高压中解放出来，获得情感上的支持和安慰。

消极面：退行过度会导致关系失衡

如果一个人长期停留在退行状态，而另一方总是扮演照顾者的角色，关系可能出现失衡。比如，一方始终在索取爱，而另一方疲惫不堪。

恋爱中的退行需要适度，才能让双方在依赖与独立之间找到平衡。

如何优雅地“做个小孩”？

1 表达需求时不失尊重

撒娇是可以的，但注意不要让对方感到被“绑架”。

2 适时转换角色

有时候你是“小孩”，但也要学会成为对方的“安全基地”，让恋人也能依赖你。

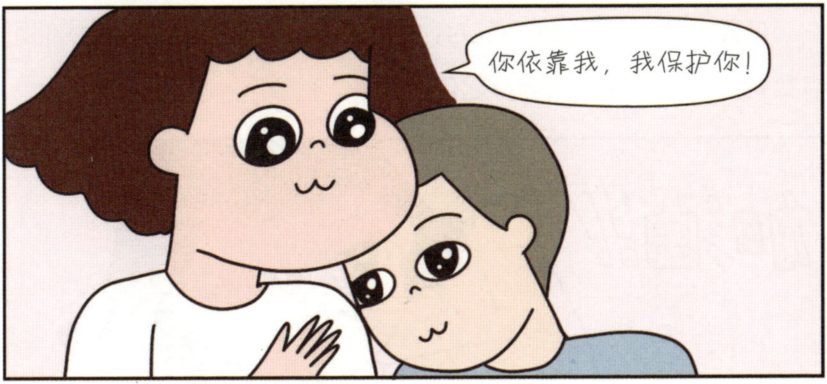

3 觉察自己的情绪

当你发现自己变得总是无理取闹时，不妨问问自己："我是真的生气，还只是想被关心？"

4 保持自我成长

依赖恋人并不代表可以放弃个人成长。成熟的爱意味着我们可以互相依赖，但也能独自撑起自己。

心理锦囊

恋爱关系中的退行是一个常见而复杂的心理现象。

它体现了成人内心深处那个“永远的孩子”

在亲密关系中的呼声。

退行本身并非黑白分明的好或坏，

而要看度和互动方式。

双方凭着爱和理解，

轮流做彼此的“大人”和“小孩”，

那么恋爱中的退行便不再是阻碍，

而会成为亲密关系中的黏合剂。

财务健康对伴侣关系的重要性

在亲密关系中，财务健康常常被忽视，然而它却是维系和谐伴侣关系的关键因素之一。

什么是财务健康？

财务健康是一个综合性概念，指的是一个人或家庭在经济上的稳定性、应对突发事件的能力、实现财务目标的进展情况，以及对金钱的态度与行为是否与其整体生活质量相匹配。就像身体健康或心理健康一样，财务健康也是衡量整体幸福感的重要维度。

情侣间的财务健康，是指两人在亲密关系中，作为经济共同体，能够在金钱使用、目标规划、收入分配、风险管理等方面保持透明、协作和有弹性的状态，从而支持彼此的幸福与关系的稳固。

财务状况失衡会引发的亲密关系问题

财务问题引发的焦虑或不安全感，会对伴侣间的交流和情感纽带造成显著冲击。

1 引发沟通回避与冲突增加

许多伴侣在感到经济紧绷时会避免提及金钱，因为可预料到谈钱就会引发争执，因此索性选择沉默以免冲突。

然而，回避并不能真正解决问题，经济压力导致的分歧未被解决，会累积紧张情绪，反而增加日后冲突的频率和强度。

2 干扰情绪表达

经济焦虑使人更容易感到沮丧、愤怒和不安，高压状态下人们的认知资源被占用，也会导致难以心平气和地沟通。

如果一方长期在财务压力下处于这种状态，另一方感受不到应有的来自伴侣的理解和支持，双方的情感连接就会受到侵蚀。

3 共情能力受损

当财务问题萦绕心头时，人们对伴侣积极行为的敏感度会下降，更倾向于注意消极细节，比如将一些原本善意的提问解读为批评或指责。

这种由压力引发的认知偏见会削弱共情能力，使双方难以体会和理解对方的感受。

4 引发情感疏远

一些人面对财务困难会选择情感退缩，把焦虑埋在心里而不愿与伴侣分享，导致双方情感交流减少。

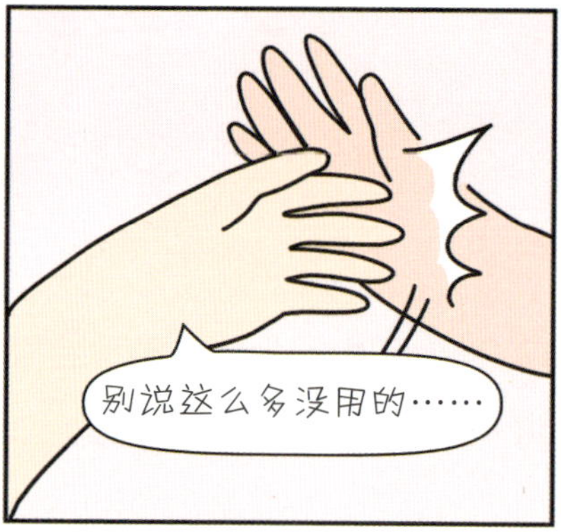

这种回避沟通的策略虽是为了自我保护，却无形中拉大了彼此间的情感鸿沟，导致伴侣间的情感断联，各自忧心财务而日渐疏远。

5 亲密度下降

如果一方认为财务困境是另一方导致的，可能因此产生责备心理，并在日常互动中表现出消极态度。

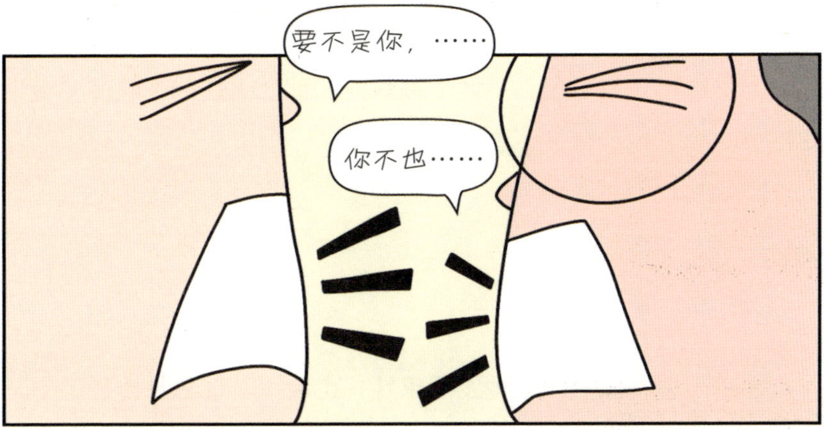

这会催生相互指责和怨怼的氛围，指责与怨恨会进一步破坏信任，削弱伴侣间的亲密联结。

6 激发不安全感

经济问题可能触发自己或伴侣依恋风格中的不安全感。比如低收入或全职在家的伴侣常常面临一种矛盾心理，他们既可能因为对方提供经济保障而感到安全，又可能因为自身经济独立性的缺失而感到不安。

为了维持关系稳定，需要依赖对方的那个人往往不敢在冲突中坚持自己的需求，甚至选择迎合对方。

7 自尊受损

经济困境不仅影响客观生活条件，也会深刻地触及自我价值感与社会认同感。

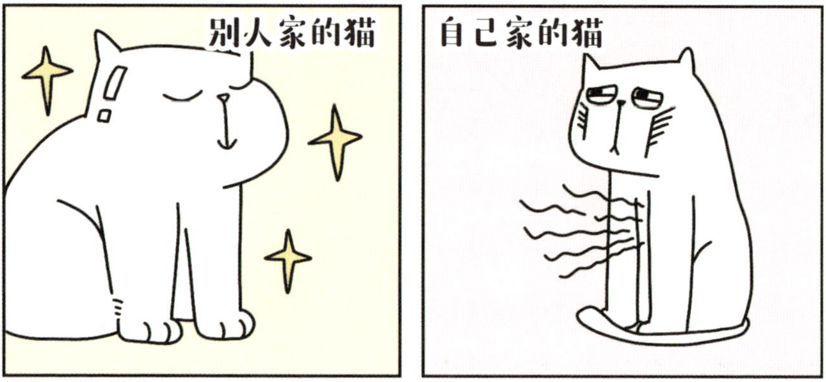

如果在经济困难期，依旧经常与外界进行财务比较，可能导致对自身或伴侣的财务状况不满，从而在关系中引发紧张和冲突。

需要注意的是，并非所有情侣在经济压力下都会关系恶化。当伴侣能够将财务问题视作共同面对的可解难题而非不可化解的持久矛盾时，他们更愿意主动开启与财务相关的讨论。

● 在财务压力下继续经营关系的方法

1 认清问题不全在于对方，而在于“压力”

经济压力常让人把内心的不安投射到最亲近的人身上，“没钱”的焦虑被误以为源自“你不体贴”“你不够努力”。请先和伴侣达成共识：“长久以来我们不是彼此的敌人，而是一起对抗压力的伙伴。”

2 建立“压力友好型”沟通方式

很多伴侣不是不想沟通财务问题，而是刚开始沟通就“炸”了。

试着避免临时提起重大财务话题（比如刷牙时突然问：“你信用卡还没还？”），而是提前设定轻松但有边界的时段。

3 接纳对方的金钱观差异

有人通过存钱获得安全感，有人通过花钱缓解焦虑。与金钱相关的行为背后可能是情绪表达——了解这一点会让双方更理解彼此而不是相互攻击。

4 建立“我们”而不是“我和你”的财务合作框架

很多伴侣的问题不在于钱的数额，而在于“谁掌控”“谁服从”“谁感觉公平”。设置共同目标而非只谈限制，有希望才有动力，才不容易争吵。

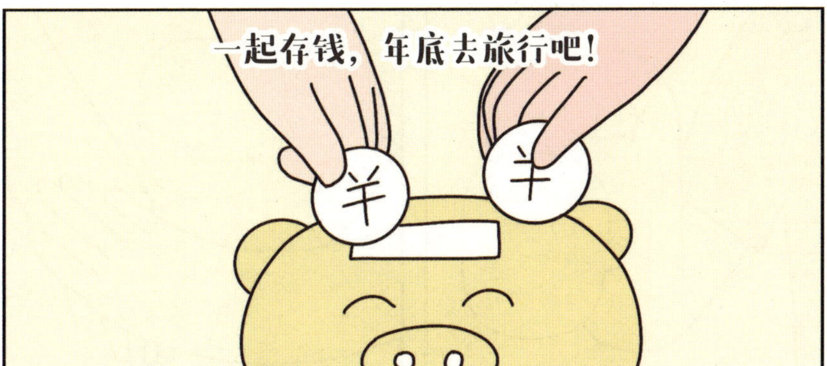

制定简单透明的财务分工，哪怕收入不对等，也可以协商分担比例，或设立共同账户 + 各自小金库，既合作又保有自由。

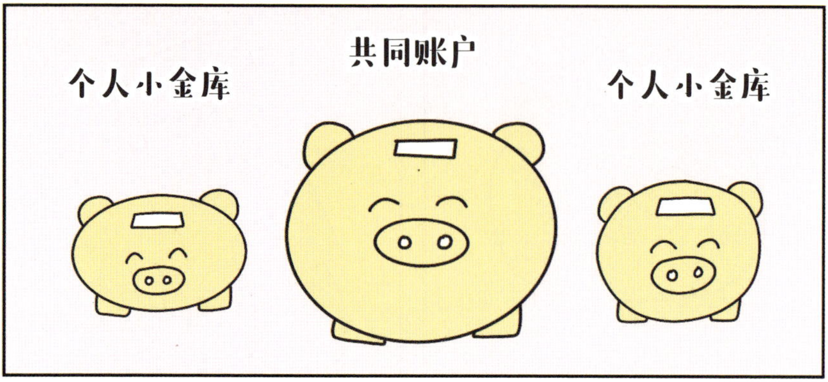

5 照顾彼此的情感安全

压力容易让人“情绪短路”或“情感冷漠”。你可以试着主动表达支持，多给对方肯定和认可。

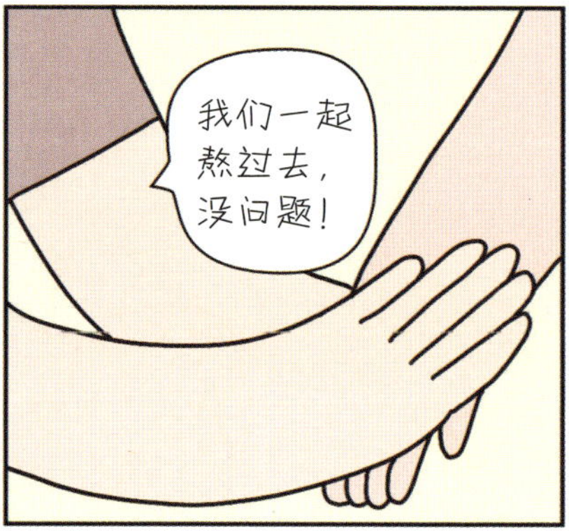

刻意安排非财务相关的亲密时光，毕竟财务话题不能占据整个关系。

避免“比较伤害”，不要拿别人的伴侣做比较，否则会让对方挫败感“爆表”。

6 寻求外部资源与心理支持

如果无法自行解决沟通困境，财务压力在本质上常是安全感议题，去寻找可以帮你们看见更深层问题的人提供帮助。

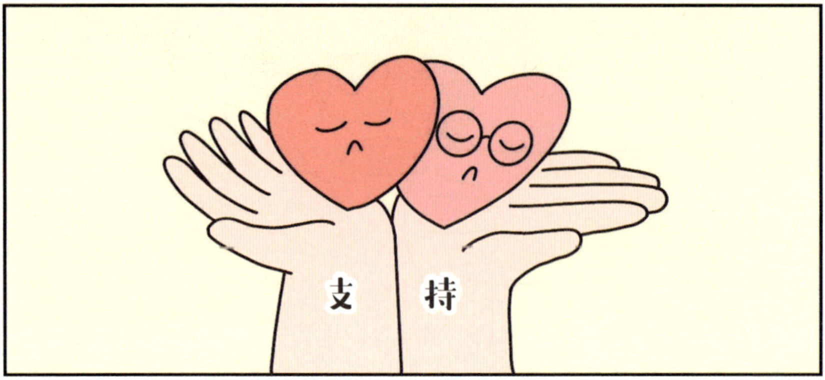

心理锦囊

财务健康不仅仅是

“你有多少钱、我有多少钱”，

更关乎两人如何一起面对金钱——

包括情绪、信任、沟通、目标感。

明明很痛苦，我却不离开

在亲密关系中，我们可能经历过这种复杂的情感状态：明明很痛苦，却依然不忍离开；明知这段关系对自己不好，却又无法抗拒对对方的思念。

这种现象常常源于深层次的心理机制和情感依赖。为了摆脱不健康的关系，首先我们需要理解其中的心理动力，并学会判断自己所处的关系是否健康。

• 为什么难以离开让人痛苦的关系？

1 情感依赖

依恋理论指出，依恋风格在亲密关系中扮演重要角色。安全型依恋的人能在亲密关系中保持独立，而不安全型依恋的人可能在关系中感到极度不安，依赖另一方来填补情感空缺，哪怕这种关系是有害的。

2 习惯

如果你长久以来习惯了的相处模式是痛苦的，那么痛苦本身已经成为一种习惯，更健康的相处方式反而是不熟悉的状态。离开一段关系，尤其是长期关系，意味着进入未知的情感领域。这种“未知”本身会引发恐惧。

3 恐惧孤独

分手不仅意味着情感上的失落，还可能让我们面对空虚、孤独或自我价值感的崩溃。害怕孤独的人担心独自一人无法承受生活的挑战，对他们来说习惯性的情感满足（即便是负面的）比孤独感更好接受。

4 理想化对方与“爱”的错觉

很多时候，我们会理想化自己所爱的人，觉得对方会变好或者这段关系中的不满只是暂时的。我们可能会把负面的情感体验归咎于外部因素（如工作压力、情绪问题等），而不是关系本身的问题。

5 操控手段与情感虐待

施虐方通过操控的手段，不断贬低受害方的个人价值，颠倒是非，让对方质疑自己，削弱对方的判断力和抵抗意志。同时，可能刻意孤立受害者，不让其与家人朋友接触，以剥夺外界支持，使受害者更加以施虐者为中心，心理上产生“离不开”的依赖感。

6 自尊与自我价值感低下

长期处于有害的亲密关系中，个体的自尊心和自我价值感往往被严重侵蚀，当一个人自我评价低下时，往往会产生强烈的无能感和依赖心理。他们可能会想：这一切是不是因为我不够好？觉得自己“配不上更好的”，从而丧失了离开的勇气。

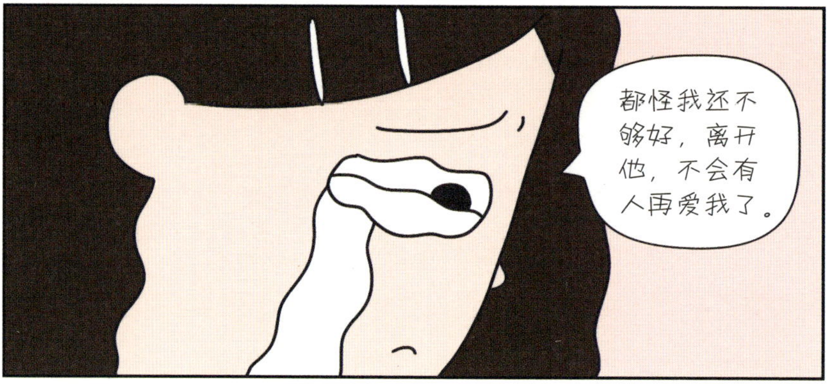

7 分离焦虑

焦虑型依恋者尤其容易体验到这种强烈的不安全感。一旦有分手或离开的念头，他们可能出现失眠、惊恐、绝望等症状，就像孩童与依恋对象分离时的强烈不安一样。这种焦虑会削弱理性的判断，使人宁愿继续留在令人痛苦的关系中。

8 沉没成本

如果一个人在关系中投入了大量时间和精力，也会觉得就此放弃太可惜，从而拖延结束关系的时间。

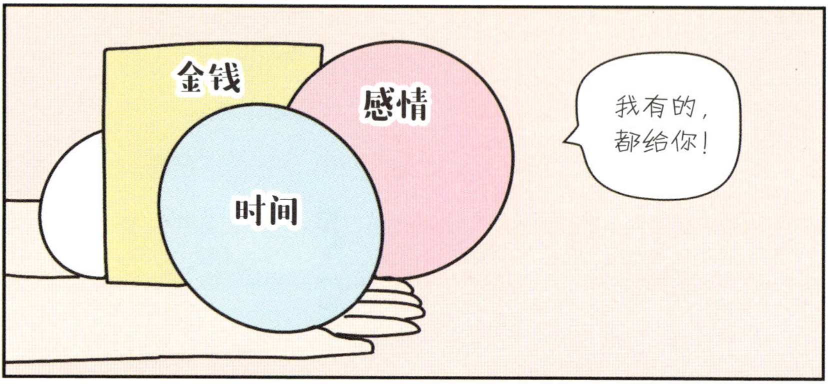

如何摆脱不健康的亲密关系？

1 意识到问题并接受现实

第一步是认识到问题的存在。承认这段关系已经无法为自己带来健康的情感支持，并意识到自己在这段关系中所经历的痛苦和伤害。

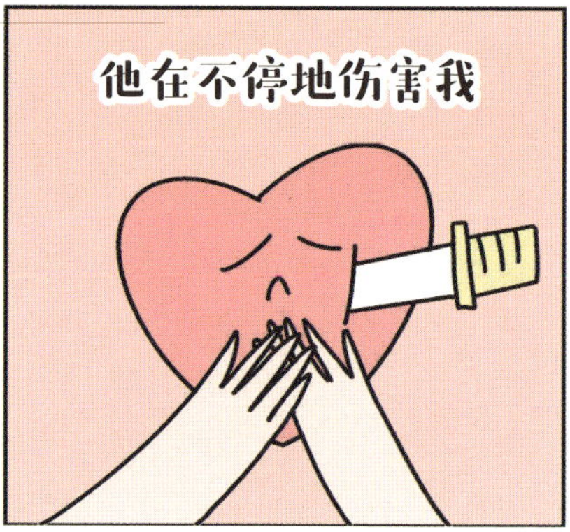

接受现实意味着放下理想化的幻想，正视对方和这段关系的真实状态。

2 重建自尊与自信

为了挽救长期被打击的自尊，需要刻意进行自我价值重建。可以通过列举自己的长处和以往的成就来提醒自己不是一无是处，练习积极地自我对话。

3 设立界限并切断依赖

一旦你意识到这段关系有害于自己的心理健康，切断情感上的依赖、重新建立自我非常重要。你可以试着专注于自己的个人生活，恢复独立性。

4 寻找外部支持

不要孤军奋战，尝试向可信赖的朋友、家人吐露困境并请求帮助。他们可以在情感上支持你、帮助你客观看待伴侣的行为，并在你离开时伴侣给予实际的援助。专业的心理咨询或治疗对走出不健康的关系也是有帮助的。

5 制订离开计划，确保安全

如果关系中存在暴力或严重操控，离开需要周密的计划。可以寻求专业机构（如家暴咨询热线）的指导，制订安全计划，包括在何时何地离开、如何安置住所、重要证件和财务的处理等。在保证人身安全的前提下行动。

6 逐步放下与自我疗愈

离开一段不健康的关系后，给自己足够的时间去恢复和疗愈。这是一个过程，可能伴随痛苦、疑虑和焦虑，但只要坚持自我关怀与成长，你会逐渐恢复自信，重新建立起独立和健康的亲密关系观。

心理锦囊

走出不健康的亲密关系需要勇气和时间。

当你开始学会爱自己，

终会有勇气离开。

选择自由，选择做回自己，

选择给自己更好的生活。

伴侣和前任已经绝交，可我还是嫉妒得要死

在亲密关系中，嫉妒是一种复杂且难以控制的情感。

即便伴侣早已与前任断绝了所有联系，那种深埋在心底的不安却如影随形，让人痛苦不已。仿佛前任的影子依旧徘徊在你们之间，无法真正消失。这种嫉妒令人困惑，但它不是孤立存在的，而是植根于内心深处，连接着情感历史、不安以及对爱与归属的渴望。

● 亲密关系中的嫉妒有哪些表现?

（1）频繁地思考他们过去的点点滴滴，甚至“脑补”，并越想越来气。

（2）忍不住反复询问伴侣，想从对方口中得到有关他们过去的更多细节，以巩固自己在当前关系中的安全感。

（3）不自觉地将自己与伴侣的前任进行比较：你是不是更有魅力？更聪明？伴侣是否还会在某些吵架的夜晚想起那个旧人？

（4）对伴侣的前任产生敌意，哪怕那人早已远离你们的生活，不再对你们的生活产生任何影响。

（5）即便知道这一切毫无意义，但情绪还是会一股脑袭来，把内心拉进无形旋涡，不断卷向嫉妒的深渊。

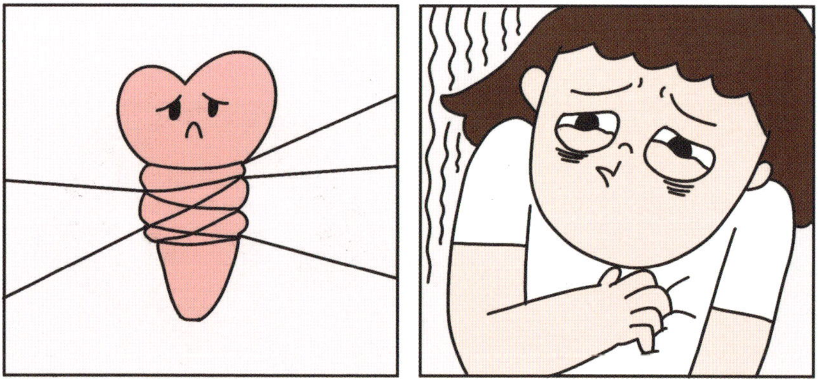

（6）变得焦虑，无法完全信任伴侣，担心对方心中还存在对前任的留恋，进而引发对整个关系的不安感。

为什么摆脱不了对伴侣前任的嫉妒?

1 我们的依恋模式

在四种依恋风格中，不安全依恋者（焦虑型依恋者或回避型依恋者）往往容易在亲密关系中感到焦虑或不安，他们会担心自己无法取代伴侣的旧情人，这种情感源于害怕被抛弃和不被爱的焦虑 。

2 自尊水平较低也可能是嫉妒的根源

每当你对自己产生怀疑，嫉妒便乘虚而入。如果你通过与伴侣前任的对比来审视自己，而你本身对自己的外貌、能力或者性格不满意，那么此时嫉妒就会像一个放大镜，将你的不安扩大到无法承受的地步。

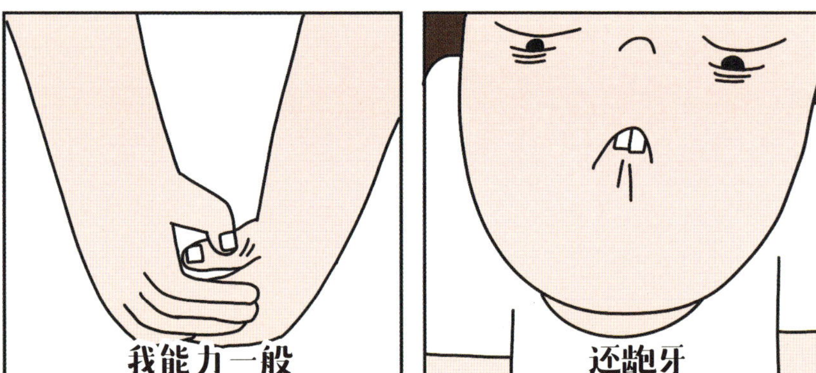

3 不安全感与占有欲

嫉妒在某种程度上是对伴侣占有欲的表现。即使伴侣已经与前任断绝关系，你依然可能觉得伴侣过去的情感经历是对你现有关系的威胁。这种占有欲可能源于对亲密关系的不安全感，总是害怕伴侣对过去的情感仍有依恋。

4 进化出的亲密关系保护机制

从进化心理学的角度看，嫉妒是一种保护亲密关系的机制。即使人类不再有实际繁衍威胁，仍旧保留了对关系的敏感性，尤其是对潜在的性或情感竞争对象的敏感性。

5 心理投射

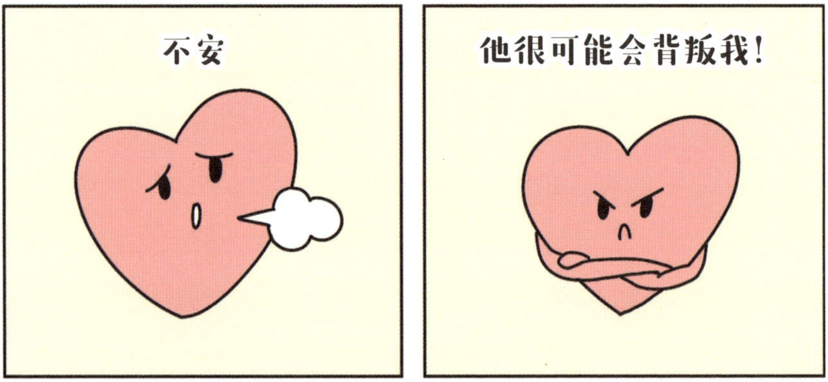

投射是一种将自己内心的感受归因于他人的防御机制。如果你潜意识里对感情不自信或有不忠的想法，也可能将这些焦虑投射到伴侣身上，认为对方会不忠，从而放大对伴侣前任的嫉妒情感。

如何缓解嫉妒情绪？

1 自我认知和自尊的提升是缓解嫉妒的关键

要相信自己是有独特魅力的，不需要通过前任的“标准”来衡量自己，可以多花点时间关注自己的优点。

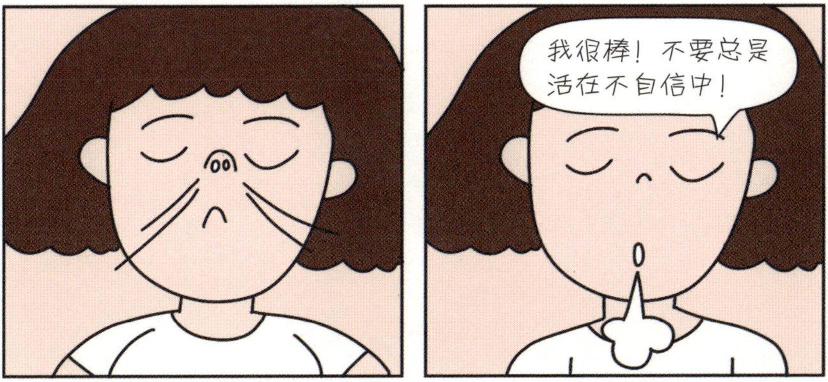

了解一下认识行为疗法（CBT），学习如何改变消极的自我认知，减少与他人的无益比较，并增强对自我价值的认同。

当你对自己有更积极的认知时，嫉妒感会减轻。

2 沟通很重要

嫉妒要是被憋在心里，会慢慢发酵，变得更糟。

不妨跟伴侣坦诚聊聊你的不安全感，而不是靠质问或推测来求证。伴侣听到你的坦诚表述，可能会更理解你的情绪，这也有助于你们的感情更加牢固。

3 增强安全感

建立更深的信任感，是战胜嫉妒的关键。

你们可以一起创造更多专属于你们的美好回忆，当你感受到双

方对关系的全情投入，前任的存在感就会逐渐淡去，你的嫉妒也会慢慢消散。

4 为自己寻找帮助

如果嫉妒情绪严重到影响了你的生活和感情，请为自己寻找可以提供帮助的信息源。

5 限制负面思维的延续

负面思维的反复出现会加剧嫉妒感。你可以通过冥想、正念训练等方式，学会观察自己的情绪波动，有意识地控制会引发嫉妒的负面思维。专注于当下的关系和体验，接受伴侣的情感承诺，减少对过去的执念。

心理锦囊

关系建立在信任上，而不是前任的阴影里。

嫉妒虽然很折磨人，但并不只有坏处，

它同时反映了我们内心的某些不安和恐惧，

是一面映照亲密关系问题的镜子。

令人痛苦的不是前任这个人，

而是对自己和伴侣关系的不确定感。

当你学会拥抱自己的独特性，并在关系中建立信任和理解，

接纳自己的情感，

你完全可以让这股嫉妒的暗流变成使关系更进一步的契机。

我喜欢你，但求你千万别喜欢我

你身边有没有这种朋友？他们渴望着爱情，或默默暗恋别人，甘愿付出不求回报，或勇敢追求，大方示爱。

但他们有一个共同点，一旦得到“我也喜欢你”的答复，就像被从头浇下一盆冷水，瞬间清醒，不再像之前那么喜欢那个人了。

性单恋就是形容这种“我就喜欢你不喜欢我”的情况。

• 什么是性单恋？

性单恋指的是一个人在与他人初次接触时，感到对方具有强烈的性或浪漫吸引力，但他并不希望这种感情得到回报，或不希望发展出真正的亲密关系。

随着彼此之间的熟悉度增加，吸引力会逐渐减弱甚至消失。有时这种感情被回应，反而导致他们感到不适，甚至排斥、厌恶。

喜新厌旧的人≠性单恋者

• 性单恋的表现

单身时感觉很好。

喜欢不喜欢自己的人，不喜欢喜欢自己的人。

喜欢的人一旦对自己表白，就会对对方失去兴趣或感到不舒服。

开始恋爱时感到窒息、压力巨大甚至恶心。

幻想浪漫，但更喜欢理论上的关系而不是现实中的关系。

沉迷于那些确定不会有回应的感情，比如迷恋已婚人士、虚拟人物或暗示过不可能在一起的人。

对长时间的、稳定的情感关系感到抗拒。

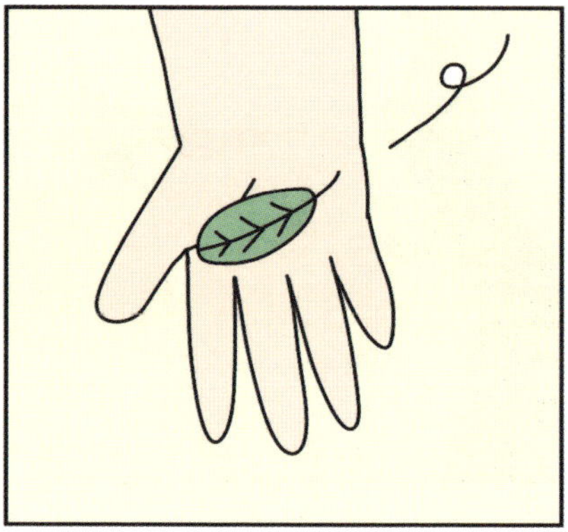

总是告诉自己没有期待，就不会有失望。

自卑，觉得喜欢自己的人没有吸引力。

• 性单恋的可能成因

1 自尊水平低

不相信自己是优秀的：“就算对方现在喜欢我，在了解我的真

面目后一定会逃走的。所以我爱你是我自己的事，并不期待你能回馈。”

2 回避型依恋

童年时期，依恋需求未被满足，于是孩子只能通过回避性的行为来掩饰和压抑自己的需求。

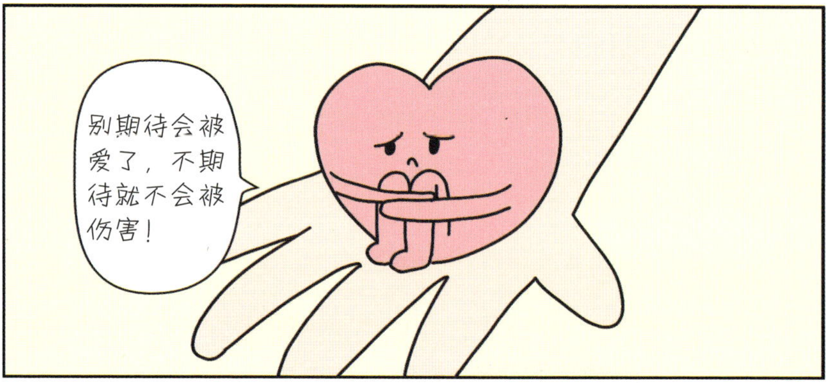

长大后，这种回避和压抑依旧存在于与他人的互动中，他们从不再期待养育者的爱，变成了不再期待他人的爱。

3 痛苦的创伤体验

在以往的感情中，可能遭遇了一些情感创伤，比如被情感操纵、出轨、拒绝、嘲笑等。

在原生家庭里，目睹父母不幸福的婚姻也可能是导致孩子不敢进入爱情的原因之一。

• 性单恋者的困境

许多旁观者会觉得性单恋的人很奇怪：明明很努力追到了心动的人，怎么自己又逃跑了？可能会觉得难以理解或接受。

性单恋者并不是完全不想好好进入一段关系，而是不知道怎么做到。

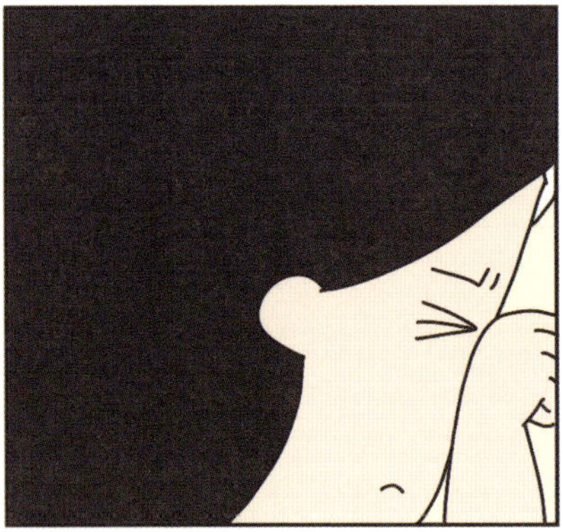

当提起爱情时，多数人都觉得这是两个人互相喜欢，而性单恋者并不注重相互的爱，这会使性单恋者不被理解。

传统的恋爱关系仍是社会的常态，长时间单身的人可能需要面对很多压力和自我怀疑。

对于性单恋的人来说，爱情是很复杂的，想要经营和维持一段爱情更复杂，现实和想象的差距会使他们不适。

追到又逃避的行为可能会被说成害怕承诺、欺骗他人等。这些误解会增加性单恋者的情绪压力。

● 如何打破性单恋的怪圈？

喜欢浪漫的爱情，并不代表一定要恋爱。如果你目前享受单身的状态，那就尽情享受吧！

尝试更爱自己一些，接受自己是值得被爱的，尤其值得被自己尊重和爱。

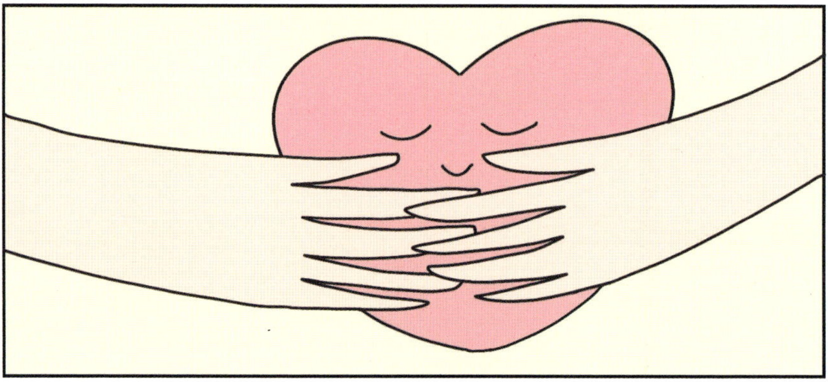

即便不愿被示爱也没什么，没有准备好前，不必强迫自己。

当你觉得准备好时，坦诚沟通是尝试进入爱情的关键。在恋爱初期讨论你的性单恋倾向可以让对方搞清楚情况，并配合你适应真实爱情的样子，而不是吓跑你。

如果对方不愿意照顾你，那就随他去吧！下个阶段你会遇到更好的自己与另一个他。

觉察内心的回避，当你再次想逃走时，可以选择停一下，问问自己什么令自己厌恶，现在想不想再进一步试试。

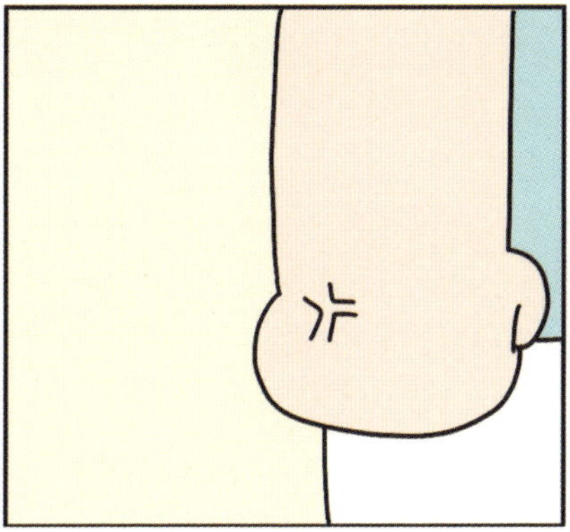

及时寻求帮助，可以是看书，或与有智慧的朋友、长辈、心理咨询师等探讨。寻找可以理解你，帮你建立安全依恋模式的人。

心理锦囊

生活，

没有必须怎么样。

幸福就好！

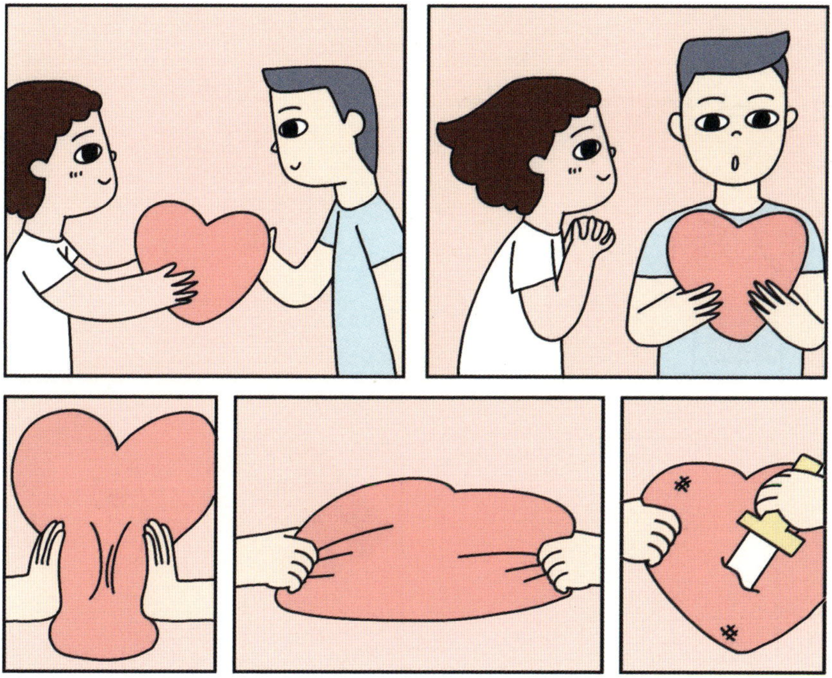

总是爱上“渣男”/“渣女”

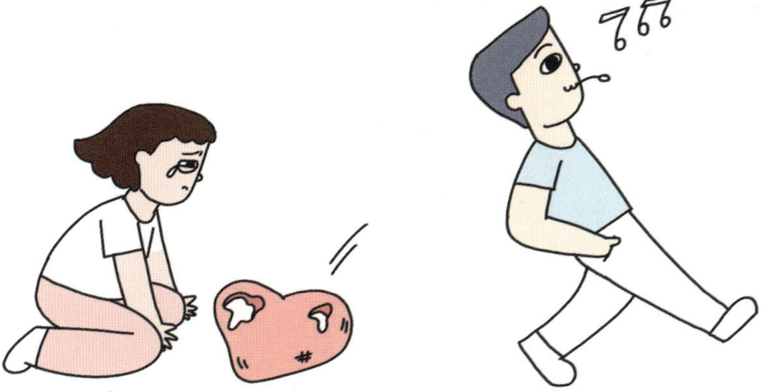

到底为什么，遇到“渣男”/“渣女”的人总是我？

这种状况背后可能隐藏着一种深层次的心理机制——强迫性重复。

● 什么是强迫性重复？

强迫性重复是一种心理现象，指个体无意识地反复经历、重演某种行为、情感模式或关系。

这些重复的情境通常会对个体产生负面影响，甚至带来痛苦。

在感情关系中，可能表现为不断选择相似的伴侣类型，即使这类伴侣每次带来的更多是伤害和失望。

听起来有些不可思议对不对？

明明知道某类人会令自己痛苦，为什么还要去寻找并主动跳入那些类似的痛苦中呢？

• 强迫性重复行为的成因

1 可能与早期依恋模式有关

如果一个人在早期养成了不安全依恋模式（如经常经历忽视、情感冷漠或不稳定的关爱），他可能在成年后倾向于选择与早期照顾者类似的伴侣，再现熟悉的依恋模式，即使这种模式是痛苦的。

2 有未解决的心理创伤

童年时期遭遇的创伤经历（如被忽视、虐待或父母离异等），如果没有得到充分的处理，就可能使人在成年后不自觉地步入类似的情境，通过重复这些情境来理解和掌控过去的痛苦。

3 有未完成的心理需求

例如，某人在童年被父亲冷漠地对待，长大后他可能希望通过赢得一个对自己冷漠的人的爱，来弥补童年未得到的关注和爱。

4 熟悉感与安全感的混淆

对于很多经历过创伤的人来说，痛苦和混乱的关系模式可能会让他们有一种熟悉感。这种熟悉感会被误以为是安全感，在他们的潜意识里，痛苦才是正常的。

5 自我价值感低

自我价值感低的人常常认为自己是不值得被真正关爱和尊重的，不值得拥有健康、幸福的关系。因此他们会选择那些与这一认知相匹配的人。

• 强迫性重复的日常表现

1 有不健康的情感依赖

即使伴侣对自己不尊重、不关心，也难以离开。

害怕独立生活或独立决策，倾向于依赖他人来确定自己的价值和方向。

2 忽视自我需求

常常忽视自己的情感和心理需求，优先满足伴侣。

对伴侣的不良行为表现出高度容忍，甚至为其找借口，尽量维持关系的稳定。

3 重复相似的情感模式

在不同的恋爱关系中，反复出现相同的互动模式和冲突，即使换了不同的伴侣，问题依然存在。

不断选择相似类型的伴侣，尽管每次的结果都是痛苦和失望。

4 情感反应过度

容易产生强烈的情感反应，对伴侣的态度和行为反应过度，常常陷入情感波动中。

在面对情感冲突时采取极端的反应，如分手后立刻复合，或者在感情受挫时采取报复性行为。

5 低自尊和自我贬低

对伴侣的负面评价和行为习以为常，并且会自我责备。

经常自我怀疑，觉得自己不值得被爱或得到幸福。

6 回避健康关系

对那些能够给予稳定和关爱的伴侣缺乏兴趣，反而更容易被那些不可靠的人吸引。

回避那些真正关心和爱护自己的人，选择那些不关心自己感受、忽视自己需求的伴侣。

7 社会交往中的重复

吸引“有毒”的朋友，总是结交情绪化、控制欲强或利用自己的人。

在友谊中反复经历冲突和破裂，常常感到被误解或不被接纳。

8 自我破坏行为

沉迷于饮酒或其他有害行为，以此来应对情感痛苦。

刻意远离他人，避免亲密关系和情感连接，逃避潜在的情感伤害。

9 心理和情绪表现

由于反复经历相似的创伤情境，可能会长期处于焦虑和抑郁的状态。

对人际关系缺乏兴趣或情感反应，感到内心空虚。

• 改变为何如此困难？

1 生活一直如此

如果一个孩子从小生活在混乱的家庭中（比如父母有较强的自恋倾向，常常目睹冷暴力或虐待），未曾体验过安全温馨的家庭关系，又怎么能察觉到从小到大的生活方式是有问题的呢？

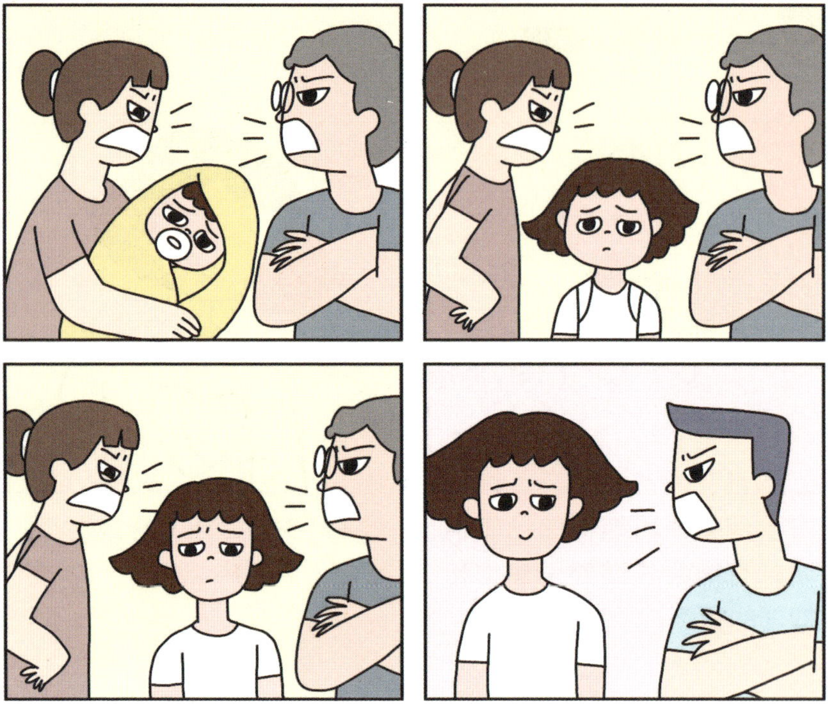

2 自我保护方式僵化

长久以来，为了保护自己不再受到过重的伤害，形成了某种僵化的思考方式。然而这种想保护自己的思维方式，却可能导致创伤重演，继而加深僵化的思维模式

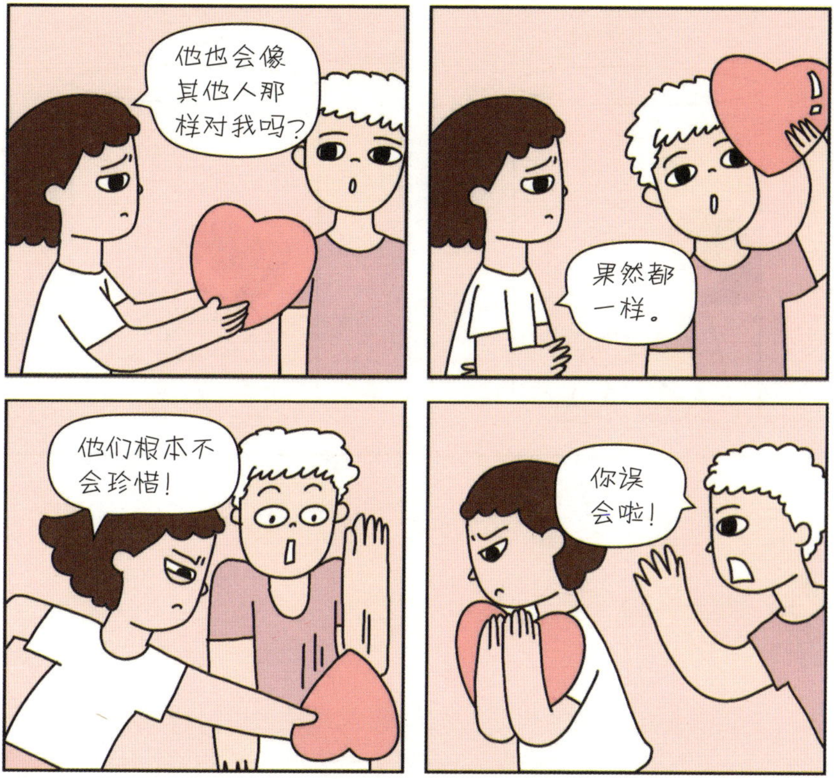

3 习惯带来了安全感

有时候我们倾向于回到熟悉的状态中去，因为只要结果是可以预测的，就会有安全感。毕竟，谁知道新的尝试会不会更糟糕呢？

4 情绪失调

小时候无法控制情绪时，父母或者养育者会打压或者骂孩子，而不是给予安慰。长大后的孩子可能已经内化了这样的观念：忍受一些痛苦而已，没什么可难过的。

如何打破强迫性重复的恶性循环?

1 自我觉察和反思

反思过去的恋爱经历，通过自我觉察，理解自己行为背后的心理机制，认识到自己重复选择“渣男”或“渣女”的原因。

2 建立健康的自我价值感

学会自我关爱和重视自己的需求，摆脱对他人认可的过度依赖。通过一些举措提升自我价值感，增强自信心和自尊心。

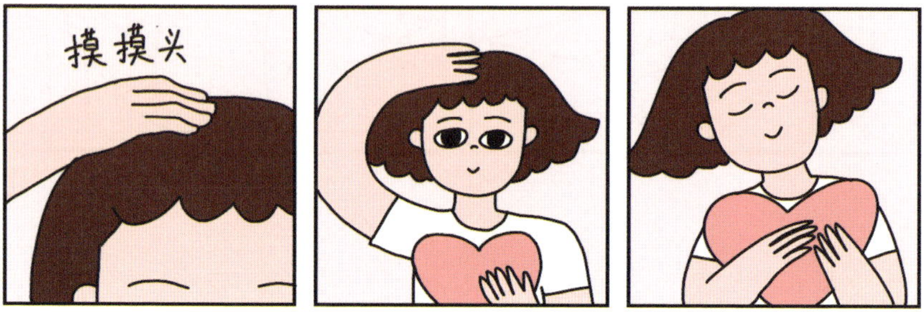

比如：每日记录下自己的闪光点；加入一项公益行动；将一两件可以给你带来持续正反馈的事当作爱好。

3 学习健康的依恋模式

了解和学会识别健康关系的特征，如尊重、支持和沟通，拒绝有害的行为和关系，与那些能够给予情感支持和稳定关爱的伴侣相处。

4 处理未解决的创伤

这是打破创伤性重复的重要一步，可能需要专业心理咨询师的帮助。通过探讨早期的创伤经历，重新定义自我价值。

5 使用一些自助策略

利用放松技巧和正念练习缓解压力和焦虑感，如深呼吸、锻炼身体、写日记、正念冥想、积极肯定自己、寻找社会支持、瑜伽……

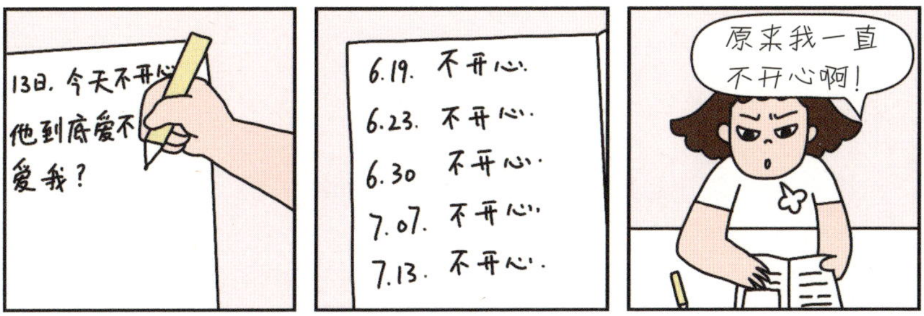

6 面对过去

你正在重复的模式，是在幼年没太多力量时从别人那里学来的。承认过去发生的事，并观察这些模式如何影响现在的你，有意识地选择不让这些伤害影响你的未来。

7 接受历史无法改写的事实

反复陷入创伤境地的主要动机是想要重写过去。我们必须接受这样一个事实：无论自己做什么，有些人、有些事都不会改变了。

你值得为自己争取到更多幸福。

心理锦囊

重要的是要明白，

给你造成创伤的人，

无法治愈你。

不管你过去经历过什么创伤，

请相信自己是有价值的，

请成为爱自己的第一人。

你值得拥有健康、支持性的亲密关系。

增进亲密感的 12 个小方法

在亲密关系中，增进亲密感是维持健康关系的关键。

这里有12个日常可实施的方法，希望可以帮助你和伴侣更紧密地连接。

1 积极沟通

积极的沟通有助于建立和维护信任与情感联系。

方法：避免在交流中使用批评或指责的句式。采用“我们如何一起解决这个问题”的态度，确保双方的需求都能得到满足。

2 积极倾听

这不仅能让对方感受到被重视和理解，还能减少误解、了解彼此的需求和感受、建立信任感。

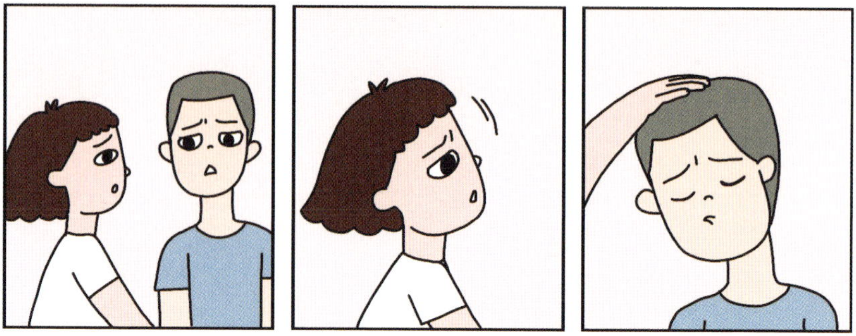

方法：当伴侣讲话时，专注倾听，不打断，并通过点头、眼神接触和简短的回应表示你在关注对方的感受。

3 定期表达感激

表达感激能让伴侣感受到被认可和珍惜。当一个人感受到伴侣的感激时，更有可能在关系中继续投入并保持积极的态度。

方法：每天或每周表达对伴侣的感激，无论是因为对方做了家务、准备了饭菜，还是简单地陪伴在你身边。可以通过言语、短信或小礼物表达。

4 共同参与有趣的活动

参与新奇和令人兴奋的活动可以激发关系中的激情、强化情感连接，增强双方的亲密感和吸引力。

方法：定期与伴侣一起做一些对你们来说有趣且新鲜的活动，如一起尝试新的运动、去另一个地方旅行、学习新技艺等。

5 保持身体接触

身体接触能释放催产素，这种激素与信任、情感连接和减轻压力有关。

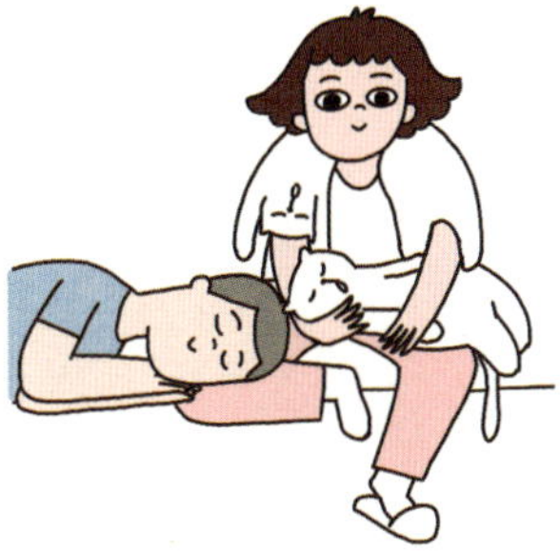

方法：在日常生活中保持适度的身体接触，如拥抱、牵手或轻拍肩膀。这种身体接触应自然、温暖，而且是关爱对方的。

6 定期进行“情感对话”

深层次的情感交流有助于深化理解，增强情感依附，可以提升关系的亲密度。

方法：分享各自对身边发生事情的感受、担忧和期望，期待在哪些方面可以被对方理解、哪些方面可以被支持。对话的重点在于倾听和理解，而不是解决问题。

7 维护个体独立性

健康的亲密关系需要平衡依赖和独立，过度依赖可能给对方带来压力和不满。

方法：亲密关系中的双方也需要有各自的空间和独立性，鼓励对方追求个人兴趣和目标，尊重彼此的独立时间。

8 一起玩闹

每天花点时间进行轻松愉快的互动，能够减轻生活压力。

方法：玩闹、跳舞或一起做些搞笑的事情，保持轻松和愉快的肢体互动。

9 创造并珍惜共同的仪式

共同的仪式能够增强关系中的一致感和归属感，提供情感稳定性，并成为双方在关系中共同期待的时刻。

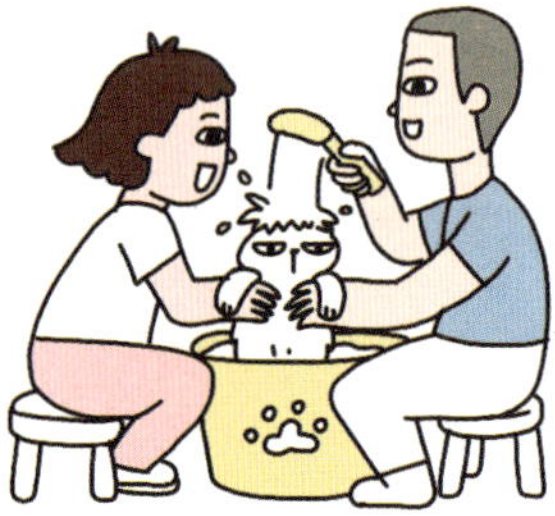

方法：与伴侣建立一些专属于你们的日常仪式，如每晚一起喝杯茶、周末一起散步等。

10 相互给予支持

在关系中提供支持能够增强彼此的依赖感和安全感，并增强关系的韧性和稳定性。

方法：在伴侣需要支持时主动伸出援手，无论是情感上的支持还是实际的帮助。比如，倾听对方的烦恼或帮助解决问题。

11 定期给予惊喜

偶尔的惊喜可以打破平淡，增添关系中的新鲜感，同时让伴侣感受到被关心和重视，激发关系中的积极情绪。

方法：偶尔给伴侣一个小惊喜，比如准备对方喜欢的早餐、送一份小礼物或计划一次意外的约会。

12 共同制定并实现目标

共同目标能够增强关系中的团结感和联结感，通过一起设定和实现目标，伴侣可以感受到共同奋斗的成就感。

方法：与伴侣一起设定一些共同的目标，如健康目标、财务计划或旅行计划，并一起努力实现这些目标。

心理锦囊

希望这些

增进理解、信任、情感连接和新鲜感的小技巧，

可以帮助你为亲密关系

注入更多积极的能量。

放下救世主情结，尊重他人命运

他们可能会无意识地认为，只有通过帮助对方，才能让关系更加稳固。

然而，这种“帮助”往往带有深层的控制欲——助人者不仅希望看到对方的改变，更希望这种改变能够符合自己心中的理想模式。

放下救世主情结，尊重他人命运，是个人成长中必修的一课。

什么是救世主情结？

救世主情结，指的是一个人在关系中倾向于过度帮助或照顾对方，试图通过自己的努力来改变对方的生活或命运，即便以牺牲自己的幸福和利益为代价。

这种行为模式可能表现为对伴侣的过度关注，甚至干预对方的个人决策。

● 救世主情结的迹象

觉得别人需要自己，于是不计时间和精力地帮助他人。

容易被“受伤”的人吸引，并将帮助或改造他们视为自己的责任。

觉得自己需要帮助对方免受其自身行为后果的影响。

觉得别人的不快乐是自己的错，情绪受对方状态影响。

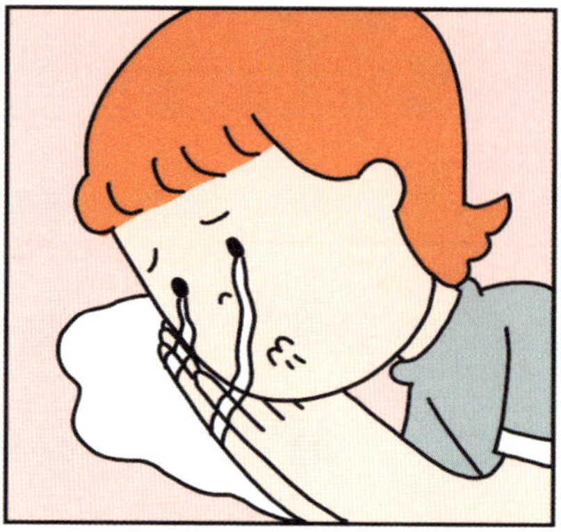

当不被别人需要时，会感到难过。

无法拒绝别人的要求和期待。

只有帮助了别人，才能感到自我是有价值的。

当自己的帮助未带来预期效果时，会感到失望、挫败，甚至自责。

• 救世主情结的心理根源

救世主情结可能源于多种原因，包括童年经历、过去的创伤、低自尊、控制欲等。

1 童年经历

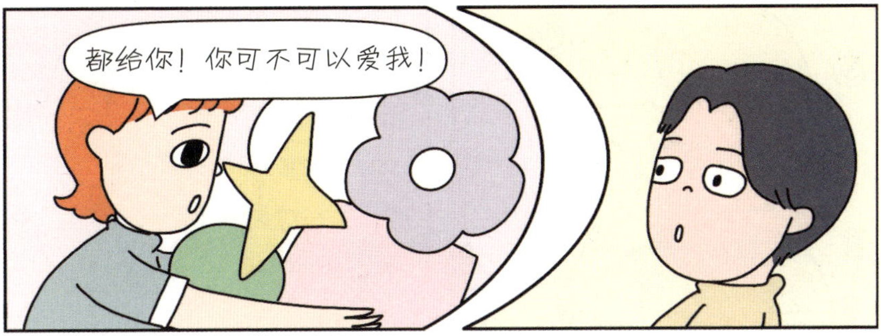

童年时期与主要照顾者之间形成的依恋关系，会影响成年后的亲密关系。那些在童年时期经历过不安全依恋的人，可能在成年后试图通过帮助他人来弥补自己内心的安全感缺失。

2 处理创伤

当一个人因无法帮助生活中重要的人而感到内疚时，他们日后可能会试图通过帮助他人来弥补这一点。

3 低自尊

帮助他人可以让自我价值感较低的人感到目标明确和得到认可。

4 控制欲

有的人可能有很强的控制欲。当他们感到无助时，“帮助”别人可以让他们有影响力并感到强大。

5 同理心

共情能力强的人对他人的痛苦感同身受，虽然这是个很好的品质，但共情过于强烈并付诸行动可能导致界限问题和缺乏自我照顾。

6 文化输入

某些文化鼓励和宣扬将他人的利益，而不是自己的需求放在第一位。

• 除了自己，我们无法拯救任何人

助人者可能会感到迷茫与无力，尤其当他们看到亲密的人在生活中挣扎时，那种想要伸出援手、拉对方一把的冲动是如此强烈。

然而，事实通常是，无论自己多么努力，对方的生活问题依然无法得到根本解决。

一个有点冷酷的现实是，我们无法通过帮助他人来解决他们的

内在冲突。对方的命运是对方自己要面对的挑战。我们无法替对方做出选择，无法替对方承担痛苦，甚至无法替对方找到答案。

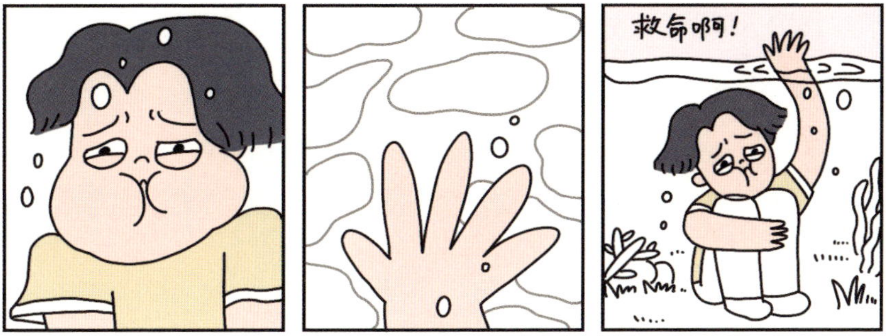

我们能做的，是在旁边给予信任和支持，为对方提供情感上的理解与陪伴，在照顾自己的前提下，在对方需要时，提供力所能及的、对方需要的帮助，而不是试图代替对方去走他的人生。

• 课题分离：健康生活的秘诀

每个人都有自己独特的生命课题，你有，对方也有。

我们要学会区分自己的情绪和对方的情绪、自己的需求和对方的需求、自己的责任和对方的责任。管理好自己的情绪，不过度依赖对方来解决自己的问题，也不要试图通过改变他人的生活来缓解自己的焦虑。

生活中，你可以尝试下面的做法。

1 识别课题

在遇到问题时，问自己：“这是谁的课题？”

这是第一步，也是最关键的一步。

2 尊重边界

一旦识别了课题的归属，尊重每个人的边界，不去强行干涉别人的课题，同时你也有权不允许别人干涉自己的课题。

3 承担自己的责任

专注于可以控制的部分，对自己的决定和行为负责。同样相信他人也可以对他自己负责，可以给建议但不要过分干预他人的决定。

4 培养信任

学会信任对方有能力处理自己的问题，而不是试图替他们做出决定。信任不仅是尊重对方的表现，也是建立健康关系的重要基础。

5 关注自我成长

将注意力从帮助他人转向自我成长。当我们关注自我成长时，我们不仅能为自己创造更丰富的生活，也能为关系带来更积极的能量。

人们互帮互助地面对生活挑战，确实会让人生简单和温暖一些，有救世主情结的助人者往往心怀好意，但你不必完全背起另一个成年人去生活，请相信自己，也相信对方。

每个人都是一个独特的个体，不可复制，也不可替代。

我们需要接受，每个人都有独特的命运，接受自己关心、在意的他人会走过荆棘密布的道路，接受他可能会迷失方向。然而，正是在这些迷茫与痛苦中，个体才有可能找到真正的自我，实现内在的整合与成长。

心理锦囊

爱不仅仅是帮助和照顾，

更是尊重、陪伴与理解。